I hate this job because...

I hate this job because...

I hate this job because...

I hate this job because...

I hate this job because...

I hate this job because...

I hate this job because...

I hate this job because...

I hate this job because...

I hate this job because...

I hate this job because...

I hate this job because...

I hate this job because...

I hate this job because...

I hate this job because...

I hate this job because...

I hate this job because...

I hate this job because...

I hate this job because...

I hate this job because...

I hate this job because...

I hate this job because...

I hate this job because...

I hate this job because...

I hate this job because...

I hate this job because...

I hate this job because...

I hate this job because...

I hate this job because...

I hate this job because...

I hate this job because...

I hate this job because...

I hate this job because...

I hate this job because...

I hate this job because...

I hate this job because...

I hate this job because...

I hate this job because...

I hate this job because...

I hate this job because...

I hate this job because...

I hate this job because...

I hate this job because...

I hate this job because...

I hate this job because...

I hate this job because...

I hate this job because...

I hate this job because...

I hate this job because...

I hate this job because...

I hate this job because...

I hate this job because...

I hate this job because...

I hate this job because...

I hate this job because...

I hate this job because...

I hate this job because...

I hate this job because...

I hate this job because...

I hate this job because...

I hate this job because...

I hate this job because...

I hate this job because...

I hate this job because...

I hate this job because...

I hate this job because...

I hate this job because...

I hate this job because...

I hate this job because...

I hate this job because...

I hate this job because...

I hate this job because...

I hate this job because...

I hate this job because...

I hate this job because...

I hate this job because...

I hate this job because...

I hate this job because...

I hate this job because...

I hate this job because...

I hate this job because...

I hate this job because...

I hate this job because...

I hate this job because...

I hate this job because...

I hate this job because...

I hate this job because...

I hate this job because...

I hate this job because...

I hate this job because...

I hate this job because...

I hate this job because...

I hate this job because...

I hate this job because...

I hate this job because...

I hate this job because...

I hate this job because...

I hate this job because...

I hate this job because...

I hate this job because...

I hate this job because...

I hate this job because...

I hate this job because...

I hate this job because...

I hate this job because...

I hate this job because...

I hate this job because...

I hate this job because...

I hate this job because...

I hate this job because...

I hate this job because...

I hate this job because...

I hate this job because...

I hate this job because...

I hate this job because...

I hate this job because...

I hate this job because...

I hate this job because...

I hate this job because...

I hate this job because...

www.ingramcontent.com/pod-product-compliance
Lightning Source LLC
Chambersburg PA
CBHW060855220526
45466CB00003B/1378
9781692402556